# ESSE TAL DE GLÚTEN
UM APRENDIZADO PARA UMA VIDA SAUDÁVEL

Editora Appris Ltda.
1.ª Edição - Copyright© 2021 dos autores
Direitos de Edição Reservados à Editora Appris Ltda.

Nenhuma parte desta obra poderá ser utilizada indevidamente, sem estar de acordo com a Lei nº 9.610/98. Se incorreções forem encontradas, serão de exclusiva responsabilidade de seus organizadores. Foi realizado o Depósito Legal na Fundação Biblioteca Nacional, de acordo com as Leis nos 10.994, de 14/12/2004, e 12.192, de 14/01/2010.

Catalogação na Fonte
Elaborado por: Josefina A. S. Guedes
Bibliotecária CRB 9/870

| | | |
|---|---|---|
| O811e<br>2021 | Osaki, Celestine Kelly Costa e Souza<br>    Esse tal de glúten: um aprendizado para uma vida saudável /<br>Celestine Kelly Costa e Souza Osaki. - 1. ed. - Curitiba: Appris, 2021.<br>    61 p. ; 21 cm. | |
| | Inclui bibliografia.<br>ISBN 978-65-250-0457-0 | |
| | 1. Alimentos sem glúten. 2. Doença Celíaca. I. Título. II. Série. | |
| | | CDD – 641.5631 |

Livro de acordo com a normalização técnica da ABNT

Appris
editora

Editora e Livraria Appris Ltda.
Av. Manoel Ribas, 2265 – Mercês
Curitiba/PR – CEP: 80810-002
Tel. (41) 3156 - 4731
www.editoraappris.com.br

Printed in Brazil
Impresso no Brasil

Celestine Kelly Costa e Souza Osaki

# ESSE TAL DE GLÚTEN
## UM APRENDIZADO PARA UMA VIDA SAUDÁVEL

## FICHA TÉCNICA

| | |
|---|---|
| EDITORIAL | Augusto V. de A. Coelho |
| | Marli Caetano |
| | Sara C. de Andrade Coelho |
| COMITÊ EDITORIAL | Andréa Barbosa Gouveia (UFPR) |
| | Jacques de Lima Ferreira (UP) |
| | Marilda Aparecida Behrens (PUCPR) |
| | Ana El Achkar (UNIVERSO/RJ) |
| | Conrado Moreira Mendes (PUC-MG) |
| | Eliete Correia dos Santos (UEPB) |
| | Fabiano Santos (UERJ/IESP) |
| | Francinete Fernandes de Sousa (UEPB) |
| | Francisco Carlos Duarte (PUCPR) |
| | Francisco de Assis (Fiam-Faam, SP, Brasil) |
| | Juliana Reichert Assunção Tonelli (UEL) |
| | Maria Aparecida Barbosa (USP) |
| | Maria Helena Zamora (PUC-Rio) |
| | Maria Margarida de Andrade (Umack) |
| | Roque Ismael da Costa Güllich (UFFS) |
| | Toni Reis (UFPR) |
| | Valdomiro de Oliveira (UFPR) |
| | Valério Brusamolin (IFPR) |
| ASSESSORIA EDITORIAL | Cibele Bastos |
| REVISÃO | Alana Cabral |
| PRODUÇÃO EDITORIAL | Gabrielli Masi |
| | Letícia Hanae Miyake |
| ASSISTÊNCIA DE EDIÇÃO | Yaidiris Torres |
| DIAGRAMAÇÃO | Jhonny Alves dos Reis |
| CAPA | Eneo Lage |
| COMUNICAÇÃO | Carlos Eduardo Pereira |
| | Débora Nazário |
| | Kananda Ferreira |
| | Karla Pipolo Olegário |
| LIVRARIAS E EVENTOS | Estevão Misael |
| GERÊNCIA DE FINANÇAS | Selma Maria Fernandes do Valle |
| COORDENADORA COMERCIAL | Silvana Vicente |

*Para todos que se descobrem celíacos da noite para o dia e se sentem desamparados. Para minha filha, que sempre me dá forças e transmite esperança em seu sorriso, e para meu esposo, que está sempre ao meu lado.*

# SUMÁRIO

**1 MINHA HISTÓRIA** .................................................. 9

**2 DESCOBRINDO SOBRE O GLÚTEN** ............................ 13

**3 O INIMIGO OCULTO** ............................................... 17

**4 NOVAS OPÇÕES** ..................................................... 21

**5 NOSSA EDUCAÇÃO ALIMENTAR** .............................. 25

**6 A HISTÓRIA DO TRIGO** .......................................... 29

**7 O QUE É REALMENTE O GLÚTEN** ............................ 33

**8 AS DOENÇAS RELACIONADAS AO GLÚTEN** ............. 37
   8.1 DOENÇA CELÍACA (DC) ..................................... 38

**9 O QUE DIZ A LEI** ................................................... 43

**10 CONHECER E APRENDER** ...................................... 47

**11 RECOMENDAÇÕES** ................................................ 53

**REFERÊNCIAS** .......................................................... 57

# 1

# MINHA HISTÓRIA

Em meados de 2009, comecei a sentir formigamento nas pernas, câimbras nas panturrilhas e uma indisposição geral. Sentia-me cansada em tempo integral e uma sonolência anormal. Esses sintomas passaram a me acompanhar no meu dia a dia, prejudicando a minha rotina. A fim de me ver livre deles, decidi investigar. Foi uma longa jornada entre idas e vindas a consultórios médicos, especialistas e laboratórios. A princípio fui considerada, aos 34 anos de idade, velha, sedentária e com pernas tortas, nada mais. Os resultados eram inespecíficos, não definiam um diagnóstico. Mas, conforme os registros do meu exame de eletroneuromiografia, já existia dano nos nervos periféricos dos meus membros inferiores. Passado algum tempo e com os sintomas instalados, segundo um médico especialista, tudo apontava para uma patologia neurológica degenerativa, irreversível e de caráter autoimune. O neurologista o qual consultei afirmou que doenças autoimunes são como uma bomba relógio, podem ficar anos adormecidas, ou a qualquer hora serem disparada por um gatilho. Não se sabe ao certo quando e nem o que pode desencadeá-las. O fato é que nos tornamos alérgicos a nós mesmos por muitos motivos, um deles, por aquilo que comemos. Acredita-se também que um fator hereditário possa estar relacionado. A qualquer momento, o sistema imunológico faz uma interpretação errônea e não distingue um corpo estranho de um tecido saudável, terminando por atacar as células normais do corpo. Doenças autoimunes estão presentes em cerca de 5% a 7% da população em geral, sendo a terceira principal causa de morbidade e mortalidade, depois do câncer e das doenças cardíacas.

Oito anos mais tarde e já com algumas hipotrofias nas pernas, iniciei com alguns sintomas gastrintestinais, como inchaço e dores no abdome, gazes, e fezes diarreicas recorrentes. Também sentia uma fraqueza e um desânimo inexplicáveis, irritação, mau humor, dificuldade de atenção e concentração. Fui acordava no meio da noite algumas vezes, com câimbras nas panturrilhas e dor na parte superior do abdome. Ocasionalmente, apareciam lesões pruriginosas na pele, no dorso. Por volta de outubro de 2017 fui diagnosticada com doença celíaca, outra doença autoimune, em que as células agredidas aqui são as células intestinais. Aos poucos minha vida foi mudando, porque tive que tomar muitas atitudes para driblar esses males e fui entendendo como tudo estava relacionado a esse tal de glúten.

Logo depois de firmado o diagnóstico de doença celíaca, com a gastroenterologista, não obtive grandes informações. Foi me aconselhado um site para mais esclarecimentos, uma visita a uma nutricionista e a nunca mais comer nada que contém glúten para o resto da minha vida. Sentia-me aliviada com um diagnóstico e uma "proposta" terapêutica, mas perdida em relação ao o que eu poderia comer, o que poderia acontecer comigo e que outras consequências me aguardavam dali em diante.

A partir daquele exato momento, eu soube que nunca mais poderia comer um tradicional pãozinho com manteiga, um bolinho de cenoura, uma pizza ou um macarrão. Nada! Qualquer coisa que contém glúten, ou seja, quase tudo seria proibido daquele momento em diante.

Meu esposo que me acompanhava no dia da consulta, perguntou-me "o que você gostaria de jantar?". Desde então eu o corrijo, e digo "não é o que eu quero, é o que eu posso". Não lembro o que jantamos naquela noite, mas voltamos para casa e segui adiante, preocupada e com muitas dúvidas. No início os sentimentos eram confusos, mas essa situação de desconhecimento, raiva e negação, fazem parte do processo de adoecimento. Muitas pessoas quando descobrem o diagnóstico sentem-se desamparadas, com medo e com muitas dúvidas. Estamos tratando de uma patologia que tem sido diagnosticada cada vez com mais frequência, que vem crescendo entre nós, mas que ainda precisa ser mais creditada.

Admito um grande desânimo saindo da consulta. Afinal "comer é um dos prazeres da vida". Quando comemos podemos sentir alegria, tristeza ou prazer. Passamos muitos momentos da nossa vida com a família, amigos e pessoas importantes ao redor de uma mesa. Nas datas importantes, festas comemorativas, reuniões há sempre um bom prato à mesa.

Em uma pesquisa rápida sobre frases marcantes a respeito de boa comida na internet, apareceram aproximadamente 3.700.000 resultados. Depois de muito "comer o pão que o diabo amassou", pensei que só seria possível "comer com os olhos" e nunca mais poderia "colocar o pão na mesa". Então, diante de tamanha importância que a comida tem para nós, esses sentimentos são justificáveis. "Não existe amor mais sincero do que aquele pela comida". "Um pedaço de pão (sem glúten) comido em paz é melhor do que um banquete comido com ansiedade", já dizia Esopo.

À medida que percebemos que não estamos sozinhos, e passamos a entender melhor o processo de adoecimento e como podemos sobreviver, tudo vai clareando. Enfim, somos impulsionados para uma nova normalidade sem glúten. Quando descobri, então, que era possível comer uma massa, um bolo de chocolate e até um pão, todos sem glúten, que existem uma gama de opções de alimentos sem glúten e que podemos descobrir receitas deliciosas e saudáveis, tudo foi seguindo calmamente.

No início são muitos conflitos e sentimentos negativos para serem resolvidos, mas que desaparecem com o tempo, pois a vida não acaba sem o glúten, ao contrário, sem ele começa uma vida com mais saúde e bem estar para as pessoas sensíveis. Estratégia e disposição são imprescindíveis para viver em um mundo onde o glúten é onipresente. Por isso, foi muito importante buscar as informações certas, encontrar novas soluções e ter o apoio da família. A doença celíaca é a única doença autoimune que tem controle, basta seguir descobrindo sobre o glúten.

# 2

# DESCOBRINDO SOBRE O GLÚTEN

Até 2 anos atrás nunca prestei muita atenção na palavra glúten. Sabia que pessoas interessadas em uma dieta pouco calórica eram adeptas a uma alimentação com restrição ao glúten, pois assim perderiam peso. Sempre estive de bem com a balança e jamais fiz alguma dieta. Achava até que cumpria uma alimentação saudável. Mas eis que surgiu o diagnóstico e com ele foi reconhecido o culpado. Então, o que comer passou a ser um tema extremamente importante na minha vida. Optei por renunciar à pizza de fim de semana, e seguir um novo caminho. Foi necessário mudar totalmente a minha rotina alimentar e afastar tudo que me fazia mal.

Assim, com o diagnóstico de Doença Celíaca, senti uma imensa necessidade de pesquisar, conhecer e aprofundar os estudos sobre o tema, para salvar minha própria pele. Fui à busca de alívio dos sintomas, é claro, e encontrei muito mais. Reuni informações úteis, que podem nos trazer qualidade de vida, pensando em um futuro com uma saúde melhor. Visitei sites, grupos sociais na internet, li livros, artigos científicos, vi receitas e cheguei a um consenso que me incentivou a escrever este livro. Espero que, para aqueles que também tenham interesse em saber um pouco mais sobre o glúten e as doenças relacionadas a ele, essas informações tragam mais motivações para continuarem em frente, tanto quanto trouxeram para mim. Há uma luz no fim do túnel. Reunir e compartilhar esses achados faz-se urgente, principalmente para aqueles que se descobrem celíacos da noite para o dia e se sentem totalmente perdidos como eu me senti. Também para aqueles que já estão acometidos por alguma doença relacionada ao glúten, que têm familiares doentes e para outros que possam vir a ter algum mal no futuro. É preciso o quanto antes traçar novas metas para contornarmos os prejuízos a que fomos expostos até então.

Muitos livros e trabalhos científicos usam termos técnicos, o que torna a leitura difícil e o acesso à informação primordial às vezes fica perdida para um público não especialista. Já na internet existem muitos sites, guias de dieta, receitas e dicas úteis, uma informação aqui e outra acolá. Minha intenção é reunir o máximo de informações cruciais e disponibilizá-las a todas as pessoas interessadas nesse aspecto. Informações valiosas que podem salvar seu intestino, seu cérebro e sua vida. Desejo apenas que esta leitura seja um meio facilitador para todos.

Aplicar esses novos conhecimentos cotidianamente não me pareceu nada fácil no início. Há muito o que se aprender e é preciso muita determinação e cautela em relação a tudo que se come. É isso que vai determinar se você melhorará ou não.

Inicialmente, a primeira providência que tomei foi avisar a minha funcionária, a responsável pela cozinha da casa, que sempre que usasse farinha de trigo no preparo de qualquer alimento, eu precisava ser informada. Afinal, não moro sozinha, tenho filha e esposo e eles não têm problema algum com o glúten. Contudo, com as primeiras pesquisas em alguns sites, comprei alguns livros pela internet e percebi que essa medida por si só não seria segura. Também comecei a criar o hábito de observar as informações contidas nos rótulos dos produtos no supermercado e a frequentar aquela seção de alimentos sem glúten cada vez com mais regularidade. Aliás, felizmente existem empresas sérias especializadas em produtos para pessoas como eu, com restrição alimentar, que desenvolveram toda uma linha de farináceos, pães, bolachas, macarrão, quitutes no geral sem glúten.

Em seguida, seguindo as orientações médicas, parti para os endereços eletrônicos. A visita aos sites da Associação de Celíacos (ACELBRA) e da Federação Nacional de Celíacos (FENACELBRA) pode trazer algum acolhimento, algumas regionais mais que outras, mas todos têm informações úteis, notícias, receitas e algumas publicações. Um inconveniente é que esses sites não são atualizados com muita frequência.

Meu terceiro passo foi buscar por uma nutricionista em minha cidade, que tem pouco menos de 50 mil habitantes. Informações mesmo sobre glúten, dicas que naquele momento eram essenciais para o início da minha caminhada, não foram ditas. A maior preocupação da profissional foi quanto às minhas calorias diárias ingeridas, se eu queria manter, ganhar ou perder peso. Foi uma grande frustração, foi praticamente como voltar à estaca zero, as informações que busquei não foram encontradas ali.

Logo percebi que apenas essas atitudes recomendadas pelo gastroenterologista não seriam suficientes. Infelizmente, ainda é necessária a popularização da informação a respeito do glúten e suas doenças relacionadas. Existe uma deficiência geral de informação aos profissionais ligados a essa área. No Brasil, há poucos estudos e publicações a respeito.

Daí em diante, transformei-me em uma pesquisadora veterana. A cada dia descobria produtos e mais produtos que contêm glúten, e outros acho que nunca vou saber, porque as informações contidas em suas embalagens podem não ser fidedignas. O glúten pode estar disfarçado na composição do alimento com outras denominações, siglas, que dificultam o entendimento, mais adiante tratarei dessa questão. Para se ter uma ideia, tem glúten nos temperos industrializados em forma de tabletes, saches e potes, no ketchup, na mostarda, na maionese, molhos diversos, nas cervejas, no shoyo, nas gelatinas, sorvetes, achocolatados e até em algumas marcas de café.

É surpreendente como o glúten está presente nas nossas vidas. Na nossa casa, não só nos alimentos, mas também pode ser encontrado nos cosméticos, xampus, na massinha de modelar das crianças e até nas rações dos *pets*. Por isso o potencial perigo do glúten pode estar em toda nossa volta. Saber onde pode ser encontrado, principalmente na forma de um inimigo oculto, é primordial para um celíaco. Então vamos saber o que realmente é necessário.

# 3

# O INIMIGO OCULTO

Mais difícil que achar a informação nos rótulos dos alimentos, foi descobrir os riscos da contaminação cruzada que existem a todo tempo. São situações nas quais algum alimento que contém glúten contamina outro que, na sua composição original, não contém glúten. Vou citar algumas situações que exemplificam melhor:

- Situação 1: ao assar um bolo feito de farinha de trigo, polvilha-se a forma com a mesma farinha e depois reutilizar a mesma forma, por exemplo, para assar uma carne.

- Situação 2: ao fritar uma coxinha tradicional, feita com massa de farinha de trigo e depois reutilizar o mesmo óleo para fritar batatas chips.

- Situação 3: usar um moedor de carne para passar a massa de quibe, feita de trigo para quibe e em seguida, moer outra carne.

Observe que nas três situações um alimento que contém glúten, ao entrar em contato com uma superfície, deixa ali resíduos de glúten difíceis de serem removidos por uma lavagem comum, e acaba contaminando outro alimento que não tem glúten. Esse processo é chamado de contaminação cruzada. Existem diversas situações que podem acontecer similarmente no dia a dia. O compartilhamento de utensílios domésticos como a torradeira, a chapa, o grill, panelas, tábuas de madeira, os talheres são potenciais objetos nos quais ocorre a contaminação cruzada. Até na manteiga, no pote de requeijão, ou de geleia de uso comum, podem ficar migalhas de glúten contaminando o produto. Todas essas são situações nas quais o simples preparo ou a manipulação de um alimento contendo glúten pode arruinar sua vida. Facilmente o ambiente pode ser contaminado, e ingerirmos glúten acidentalmente. Uma quantidade microscópica pode ser suficientemente danosa para pessoas sensíveis. Cotidianamente, devemos ter todo cuidado, se continuarmos a usar produtos que contêm glúten no ambiente de convívio, o perigo será sempre iminente. Há relatos de que até na esponja de lavar as louças, ficam resíduos de glúten, que vão passando para todos os objetos "limpos" por ela e contaminando tudo. Vale lembrar ainda o risco de contaminação cruzada em outros objetos de uso comum, em que os farelos de algum alimento com glúten podem ficar indefinidamente como teclado de computador, controle remoto, calculadora etc. Esses são apenas alguns exemplos de como acontece a contaminação cruzada.

Agora imagine uma padaria, um ambiente saturado de farinha de trigo. Nunca será possível produzir um produto isento de glúten ali, tudo está contaminado, mesmo que a informação na embalagem afirme que não contém glúten. Os frios cortados no fatiador tem glúten. Os lanches feitos na chapa tem glúten, todos os quitutes. Em uma padaria o ar, as superfícies estão carregados de glúten, tudo é 101% glúten.

Uma vez fomos fazer um lanche em uma padaria e pedi uma tapioca com ovo. Vi na minha frente a tapioca sendo preparada na chapa única do estabelecimento, na mesma que fazia o pão na chapa. Em uma segunda ocasião, também em uma padaria, pedi uma omelete simples. Nas duas vezes tive recaída dos sintomas. É inacreditável como a contaminação cruzada pode acontecer tão facilmente.

Assim, em nossa casa, nas padarias, nos restaurantes e lanchonetes, a não ser que existam nesses ambientes cozinhas isoladas, com equipamentos e instrumentos separados e sejam usados produtos próprios especiais sem glúten, em todos os ambientes há risco de acontecer contaminação cruzada. O mesmo também pode acontecer no processo de armazenamento nos silos, na linha de produção nas indústrias alimentícias que compartilham maquinário, no processo de distribuição, nas prateleiras dos supermercados. O sensível ao glúten vai sempre ter que conviver com esse perigo, ter em mente essa possibilidade e tomar o maior cuidado possível. Sempre fazer opção pelos alimentos mais seguros, pelas marcas confiáveis, e por informações que não deixam dúvida.

Por todo esse potencial risco, o certo a se fazer quando existe o perigo do glúten na sua vida, é adotar uma postura hipervigilante, cercar-se de um ambiente seguro, isento de glúten. Então, se possível, livre-se dele. Comece fazendo uma faxina na geladeira e na dispensa, compre itens em que a informação seja confiável, use utensílios separadamente e faça uma boa higienização dos prováveis objetos contaminados.

Flávia Anastácio de Paulo foi pioneira no desenvolvimento da técnica chamada de tripla lavagem. Consiste em um modo de eliminar a contaminação cruzada por glúten nos utensílios e superfícies a partir de sabão, vinagre e álcool. Baseia-se no princípio da quebra química do glúten, já que partes diferentes de sua composição proteica são solúveis em água, em ácido (que seria o vinagre) e parte em álcool. A técnica completa pode ser observada no site Rio sem glúten.

A princípio pode parecer meio paranoico e perda de tempo, mas isso é estritamente necessário, é quase um manual de sobrevivência. Não é frescura! As pessoas que convivem na mesma casa e toda a sociedade precisam compreender que todo esse cuidado não é mito. Em casa, a farinha de trigo e a farinha de rosca foram abolidas da lista de supermercado e foi muito útil comprar mais uma sanduicheira elétrica.

Nenhum produto industrializado precisa deixar de ser consumido para aqueles que fazem questão. É preciso observar seus rótulos, tem marcas que informam que contém glúten e outras que não contêm glúten. Então basta fazer uma substituição daquela marca de molho de tomate, ou daquela marca de café por uma que informa corretamente. Mas sempre tem que estar de olho, o fabricante pode adicionar algum ingrediente sem aviso prévio, logo, o hábito de ler rótulos deve fazer parte da sua rotina, assim como respirar. Se não houver certo radicalismo, todo esse esforço pode ser em vão. Basta uma mínima quantidade de glúten, para alguns, para que o processo inflamatório no seu corpo se mantenha. Imagine repetidas contaminações cruzadas ao longo dos anos, que males elas podem trazer. Sabe-se que a lesão da mucosa intestinal pode acontecer após ingestão de glúten, mesmo na ausência de sintomatologia. São necessários novos estudos que avaliam os riscos de traços de glúten e suas consequências na saúde do celíaco.

À medida que adquiri esses conhecimentos, fui me tranquilizando cada vez mais, voltei a me animar em relação às refeições, pelo menos dentro da minha própria casa. Vi que a vida podia seguir normalmente, que havia novas opções.

# 4

# NOVAS OPÇÕES

Seguir uma alimentação sem glúten é no mínimo desafiador. Existem inúmeros sites e livros de receitas. Alguns ensinam como usar outras fontes de farinhas e como preparar misturas para sua receita ficar perfeita e sem glúten. Mas é preciso ser um pouco *chef*, uma pitada de talento e perseverança. Primeiro, porque as texturas e sabores ficam um pouco diferente daqueles que nosso paladar está acostumado. Segundo, porque é difícil obter todas essas farinhas de forma segura, sem traços de contaminação. Terceiro, nem sempre estão disponíveis, acessíveis no mercado mais próximo e, por último, pelo maior custo desses produtos. Prepará-las nas suas devidas proporções também é um desafio. No meu caso, sem muitos dotes culinários, o resultado visual e o teste de degustação não agradaram muito. Não quero desanimá-los, não é impossível, vale a pena tentar, talvez você se descubra um expert na cozinha, no mínimo distrai. Hoje em dia, com todo esse modismo de dietas para emagrecer, as indústrias alimentícias desenvolveram uma gama de farinhas para atender a todos os gostos, farinha de arroz, de berinjela, de amêndoa, de linhaça, de aveia, de banana verde, de maracujá etc. Além do polvilho doce, polvilho azedo, fécula de batata, fubá, são muitos os possíveis substitutos seguros. Pode ser divertido descobrir receitas perfeitas com texturas e sabores diferentes e maravilhosos. Já se imaginou comendo um muffin de abobrinha, um pão de inhame ou um nhoque de abóbora japonesa? Eu testei essas receitas e me surpreendi, são nutritivas e saborosas.

Outra opção, quando há pouca familiaridade culinária, é o uso de uma farinha multiuso sem glúten, um mix já preparado, pronto para uso, industrializado, que pode ser encontrado na seção de alimentos sem glúten nos supermercados. Passei a utilizá-la de rotina nas minhas receitas comuns, naquelas preferidas, substituindo a farinha de trigo normal. Na grande maioria a receita dá certo e é bem aceitável. Na internet também se encontram lojas que vendem opções seguras da linha de produtos sem glúten. Há muitas soluções, basta escolher sua receita, adquirir os produtos, praticar e se deliciar. Mãos à obra, ou melhor, mãos à massa! Sem glúten!

Todo esse processo de mudar o modo de pensar, mudar sua rotina, criar hábitos saudáveis e compatíveis com bons resultados, leva-se algum tempo. Mas o quanto antes se excluir o glúten da dieta em pessoas sensíveis, mais rápida é a recuperação do revestimento do intestino, e consequentemente mais rápida é a melhora da absorção dos nutrientes e o controle dos sintomas.

Minha família sempre teve vida social, frequentamos festas, jantares e restaurantes. Quantas vezes fiquei tentando descobrir nos pratos servidos e nos cardápios o que eu poderia comer sem ter algum inconveniente e passar mal. Mesmo solicitando ao garçom que perguntasse ao *chef*, ainda tinha o risco da contaminação cruzada. Algumas vezes arrisquei e me arrependi. Comer fora de casa é um grande obstáculo quando se é sensível ao glúten, já que na grande maioria dos estabelecimentos não existe nenhuma informação, nenhuma política para pessoas alérgicas a algum tipo de alimento. Uma realidade decepcionante no Brasil, já que em certos países é obrigatório que o estabelecimento forneça no menu pelo menos uma opção de refeição sem glúten.

Hoje aprendi, e o melhor a ser feito é sempre fazer uma refeição em casa, com segurança antes de qualquer ocasião. Nos restaurantes, se quiser arriscar, uma opção é escolher saladas e carnes grelhadas sem molhos, apenas com tempero natural. Já nas festas familiares, opte por levar um prato que você preparou ou até mesmo a sua marmita. Assim é mais garantido! Algumas redes de restaurantes e franquias apresentam um encarte com os alérgenos presentes em cada prato. São lugares em que me sinto mais segura. Vivi essa experiência em grandes redes de restaurantes quando viajei para centros maiores. Cidades pequenas como a minha, em nenhum restaurante encontrei informações nutricionais e de alérgenos nos pratos oferecidos, ou você come e assume os riscos ou não come e fica bem. Infelizmente não tem outra saída, uma vez sensível ao glúten, sempre sensível ao glúten. Não há exceção para se permitir um canapé de vez em quando, só a disciplina vai manter seu corpo são.

Mais uma vez tudo parece um pouco neurótico e chato, mas ainda vou à padaria, preparo um macarrão tradicional em uma panela própria para tal, pedimos pizza e lanches para minha família, sempre tomando todo cuidado possível.

Viajar ficou um pouco mais difícil, foi preciso me adaptar mais uma vez, descobrindo novas opções. Levo meu lanche de casa para comer na estrada, e muitas vezes até marmita congelada. Quando fizer uma reserva em um hotel, avise com antecedência para que haja opções no café da manhã, se a política do hotel permitir. Vasculhando na internet, vi uma dica muito interessante de uma pessoa que encontrou uma solução prática. Ela procura se hospedar em flats, apartamentos que tem cozinha para preparar seu próprio alimento e viaja com seu kit de produtos sem glúten, e um cooktop elétrico portátil de uma boca. Nos voos, é possível optar pela refeição sem glúten nos sites das companhias aéreas.

Desse modo, vamos incorporando soluções práticas em nossas vidas que nos garantam uma boa saúde. Uma vez detentores das informações necessárias, tudo vai se tornando mais fácil e seguro, longe de deficiências nutricionais e do câncer de intestino que nos ronda. Assim também vamos nos habituando a uma nova educação alimentar.

# 5

# NOSSA EDUCAÇÃO ALIMENTAR

É muito forte a crença de que em nossa dieta deve conter predominantemente carboidratos. Veja a pirâmide alimentar, desenvolvida em 1992 pelo departamento de agricultura dos Estados Unidos e suas versões brasileiras desde 1999. Todas têm os carboidratos como pães, arroz, massas, batata e mandioca em sua base, que são alimentos considerados essenciais na alimentação diária, inclusive da brasileira. Coincidência ou não, a taxa de diabetes, obesidade e o elevado nível de colesterol da população mundial sofreram alterações a partir da década de noventa.

Em 2013, a pirâmide brasileira foi baseada em um novo modelo proposto por Sonia Tucunduva Philippi. As proporções continuaram as mesmas. A mudança consistiu basicamente na adoção de alimentos integrais, tido como saudáveis e a prática de atividade física. Mas a ideia do consumo de alimentos ricos em carboidratos em grandes proporções predomina em todas as versões.

Figura 1 – Pirâmide alimentar adaptada

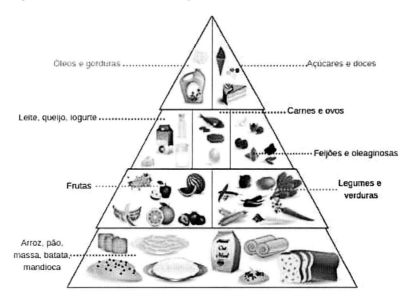

Fonte: Philippi, 2013

Na base da pirâmide encontram-se muitas fontes de glúten. A farinha de trigo branca usada na fabricação dos pães e massas é altamente hiperglicemiante, ou seja, eleva rapidamente o nível de açúcar no sangue e não oferece nenhum nutriente. Consequentemente aumenta os níveis de insulina (hormônio que regula a taxa de açúcar no sangue) e leva ao acúmulo de gordura em diferentes partes do corpo. Já a farinha integral, embora seja fonte também de vitaminas e rica em fibras, é tão culpada quanto no quesito calorias.

No primeiro ano de diagnóstico de doença celíaca, além de passar o tempo tentando novas receitas, fazendo pesquisas, lendo livros, tomando todo o cuidado, comecei a substituir o glúten da minha alimentação por outras fontes de carboidratos como a mandioca, milho, arroz e batata e, consequentemente, acabei ganhando uns quilos a mais. Culpo não a melhora do revestimento do intestino, mas a desinformação e a busca desesperada por outras fontes de calorias. Isso me mostrou que quebrar o círculo vicioso da cultura de consumir carboidratos, como a pirâmide alimentar nos instrui, e manter o elevado nível de açúcar no sangue também eram um desafio e tanto. Não caia nessa armadilha, manter uma alimentação equilibrada e rica em nutrientes saudáveis é primordial para as pessoas que apresentam intestino inflamado e deficiente em absorção de nutrientes. Os riscos de substituir a farinha de trigo por outras fontes de carboidratos sem uma orientação especializada podem ser desastrosos.

É evidente que existe um conflito de interesses na promoção da agricultura e seus produtos pela economia e líderes políticos. Assim como para a indústria farmacêutica, que não vê com bons olhos pesquisas sobre as doenças relacionadas ao glúten, uma vez que não geram lucros, não vendem remédios. Espero que no futuro o Ministério da Saúde e da Agricultura possam olhar para essa pirâmide sob outro ângulo e incentivar estudos com fins na qualidade de vida da população, sem prejuízos para qualquer lado.

A ideia de que cereais podem causar uma doença silenciosa em larga escala nunca foi bem aceita pelos médicos e muito menos ao longo da nossa história. Existe uma questão cultural e religiosa enraizada sobre o trigo e o pão, o alimento sagrado, que mata a fome de muitos, difícil de ser desmistificada. É certo que foi por vezes o único alimento dos povos, que tem sua importância econômica, política e ideológica em diferentes momentos da história. Porém, com o crescimento cada vez maior de doenças crônicas e inflamatórias neste século, há de se repensar nesse mito.

Já dizia Hipócrates, pai da Medicina, há mais de 2 mil anos, que "todas as doenças começam no intestino". Nunca uma frase foi tão atual. Faz-se urgente uma revisão rigorosa na nossa educação alimentar, substituindo os alimentos que nos adoecem por outros que promovam a saúde.

Tenha muito cuidado quando se descobrir celíaco e não busque de qualquer maneira outras fontes de alimentos sem nutriente, ricos em gorduras saturadas e sódio, talvez tão prejudiciais quanto o próprio glúten. Pare de procurar substituições sem glúten por porcarias sem glúten. Os alimentos industrializados, ultraprocessados, jamais foram e nunca serão a primeira opção a se levar a boca. Muita atenção! A reeducação alimentar é importantíssima aqui, desde o início. É recomendável o acompanhamento de um bom profissional em nutrição que faça as recomendações adequadas e as mudanças necessárias na alimentação de cada pessoa. Cada um tem uma necessidade, uma preferência e deve ser olhada individualmente.

Mais tarde, sempre em busca de melhoras, passei por duas outras profissionais da área de nutrição. As nutricionistas podem agregar muito na sua recuperação, porque às vezes não basta retirar o glúten da dieta, mas também fazer as substituições adequadas, repor vitaminas, inocular bactérias saudáveis à flora intestinal, reparar o dano intestinal. Quando nos deparamos com profissionais sérios, conhecedores do assunto, vale muito a pena investir em tratamento, sendo individualizado para cada caso.

# 6

# A HISTÓRIA DO TRIGO

O trigo foi descoberto pelos nossos antepassados caçadores coletores cerca de 10 mil anos atrás. E de lá para cá, foi cada vez mais utilizado como base da nossa alimentação. O seu cultivo foi responsável pela formação das primeiras vilas e cidades, uma vez que os *Homo sapiens*, antes nômades, passaram a estabelecer vínculos com a terra, plantando, cuidando e colhendo o trigo e outros grãos. Isso mudou completamente o estilo de vida dos povos daquela época. O homem já não precisava sair em busca de seu alimento e percorrer grandes distâncias para sobreviver somente com a caça e frutos encontrados ocasionalmente. Com o desenvolvimento da agricultura primitiva, a estocagem de alimentos passou a ser cada vez mais comum, e assim, com produções cada vez mais fartas e disponíveis, verificou-se também a multiplicação da nossa espécie.

Inicialmente, esses cereais passaram a ser consumidos no Oriente Médio na região da antiga Mesopotâmia, espalhando-se pela região Mediterrânea em direção ao norte pela Europa e posteriormente para todo o mundo.

Por volta do século XX com a mecanização da agricultura, houve um grande aumento de sua área cultivada e por consequência do seu consumo. O trigo passou a ser produzido e consumido em escala mundial, sendo hoje o grão mais consumido no mundo, à frente do arroz e do milho, levado a todo canto do planeta e incorporado aos mais diversos produtos na indústria alimentícia.

Na década de 70, a tecnologia de modificação de alimentos tornou-se comum e então o trigo modificado passou a fazer parte das nossas vidas. Trata-se de um trigo que foi produzido em laboratório, onde ocorreu a manipulação dos seus genes, com intuito de aumentar a sua produção, torná-lo mais resistente às pragas, às doenças, às intempéries climáticas, além de mais saboroso e mais interessante do ponto de vista comercial. De acordo com Dr. William Davis (2013), não foi efetuado nenhum teste com animais ou seres humanos para verificar a segurança das novas linhagens de trigo criados na época. Só a partir de 2003 com a criação do *Codex Alimentarius* nos Estados Unidos, que se determinou que testes de segurança deveriam ser realizados para novos alimentos.

Hoje o trigo contemporâneo traz uma molécula que contém 40 vezes mais glúten que sua molécula original, tornando-o muito mais atrativo e viciante. Com certeza, o glúten que consumimos hoje não é o mesmo tipo de glúten consumido pelos nossos ancestrais, e guarda pouca semelhança com aquele que entrou para nossa dieta há 10 mil anos.

No Brasil, foi trazido pelos portugueses no período colonial, e no Sul encontrou clima e solo mais adequados para suas exigências. Os imigrantes alemães e italianos foram os responsáveis pela preservação da cultura na região. Só por volta de 1960 com a política de amparo a sua cultura e com as inovações em pesquisas da Embrapa, é que a lavoura se alavancou. Hoje, o Brasil produz em torno de 5 milhões de toneladas de trigo ao ano, com safras cada vez mais promissoras.

Nos supermercados têm inúmeras prateleiras de alimentos feitos à base de trigo e outros produtos que contêm glúten. Nas lojas de conveniência, nas redes de *fast food*, nos restaurantes, em todos os cantos. Do café da manhã, passando pelo almoço, lanchinho da tarde até o jantar. Desde a entrada, prato principal e até a sobremesa. Estamos o tempo todo rodeados por infinitas tentações feitas de glúten. Por trás dessa grande oferta, existe um grande estímulo das indústrias alimentícias cada vez mais forte, do agronegócio crescente na economia de alguns países e o intenso marketing "qualificando" esses produtos como alimentos saudáveis. Enfim, estamos vivendo a era do glúten.

Quero chamar atenção aqui para o crescente hábito, neste século XXI, do consumo sem precedentes de glúten na história do homem e suas consequências indesejáveis na qualidade de vida e o adoecimento de milhões de pessoas. Nas últimas duas ou três décadas, muitos pesquisadores têm demonstrado que as proteínas do glúten não são digeríveis para ninguém e podem algumas vezes causar doenças em quase todo corpo: distúrbios do peso, diabetes tipo 2, doenças digestivas, cardiopatias, Alzheimer, Parkinson, neuropatias periféricas, depressão, autismo, TDAH (transtorno de *deficit* de atenção), esquizofrenia e outras desordens a depender de alguns fatores. Será que essa lista de doenças é apenas uma coincidência? Será que elas guardam alguma relação entre si?

Com certeza, as mudanças na forma como comemos e nosso estilo de vida estão diretamente relacionados com esse padrão de adoecimento. Para mudar essa história é preciso entender de vez o que é realmente o glúten.

# 7

# O QUE É REALMENTE O GLÚTEN

Com origem do latim, glúten é toda substância conglutinante, que por sua vez quer dizer um subproduto viscoso, pegajoso, colante.

Do ponto de vista científico, o glúten é uma proteína composta que se decompõem em proteínas menores, sendo a gliadina e a glutenina as duas principais mais estudadas, que se encontram naturalmente em cereais como o trigo, a cevada e o centeio e seus derivados.

Já sob a perspectiva alimentar, glúten é uma mistura de proteínas de baixo valor nutritivo, usado na fabricação de muitos alimentos, especialmente massas e produtos da panificação.

Em suma, glúten é uma proteína intrínseca de alguns cereais, usado na fabricação de diferentes produtos alimentícios, para dar sabor, textura, elasticidade, consistência, com fins de tornar o produto mais saboroso, aceitável, tentador e irresistível. Tudo que é preparado a partir do trigo, do centeio, da cevada e da aveia, na forma dos mais variados alimentos, contém glúten. Todos os tipos de pães, bolos, bolachas, biscoitos, *croissant*, pizzas, macarrão, salgadinhos, tortas, *cupcakes*, panquecas, cereais matinais, empanados. Algumas bebidas como cerveja e uísque. Muitos alimentos industrializados têm aditivos a base de glúten como chocolate, gelatina, temperos, sorvetes, picolés, mostarda, *catchup*, molhos, shoyo, salsicha, embutidos, adoçantes, suplementos nutricionais, medicamentos. A lista de alimentos que contém glúten é exaustiva. No Brasil, a aveia contém glúten por contaminação cruzada.

Acredita-se que todo ser humano tem algum grau de sensibilidade ao glúten, podendo ter uma reação negativa ou não. Pessoas geneticamente predispostas, quando submetidas à exposição contínua ao glúten, podem sofrer as mais diversas desordens no organismo. Existem em torno de 300 situações patológicas relacionadas a ele.

Há três mecanismos conhecidos que comprovam que o glúten pode trazer prejuízo a nossa saúde. O primeiro é sua capacidade de ser um alimento altamente inflamatório, causando danos nas mais diversas regiões do nosso corpo. O segundo consiste em elevar o nível de açúcar no sangue, mais do que praticamente qualquer outro carboidrato, contribuindo assim para um maior nível de insulina circulante e para o depósito de gordura no corpo, especialmente a abdominal. O terceiro é seu poder de vício. Segundo o médico Willian Davis (2013), ingerir uma porção de glúten estimula ainda mais o apetite. Uma vez no estômago, sua digestão produz polipeptídios chamados exorfinas (compostos exógenos semelhantes à morfina), que são capazes de atravessar a barreira hematoencefálica, ou seja, passam direto da corrente sanguínea para o sistema nervoso. Esse é o mesmo mecanismo prazeroso e viciante causado por certas drogas como a heroína. O mais importante dos polipeptídios que cruza a barreira hematoencefálica foi chamado pelos pesquisadores de gluteomorfina. Em seus estudos, Dr. Davis acredita na hipótese de que essa molécula é a responsável pelo agravamento de sintomas observados nos pacientes esquizofrênicos, tamanha sua interferência a nível cerebral. Quanto maior a ingestão de glúten, maior a concentração de gluteomorfina no cérebro, maior a sensação prazerosa e a vontade de comer mais um pãozinho.

Em suma, o glúten é uma pequena palavra, mas que pode trazer grandes danos a nossa saúde. Pessoas predispostas geneticamente estão sujeitas a desenvolver ao longo da vida qualquer uma das doenças relacionadas a ele: a doença celíaca, a sensibilidade não celíaca ou a alergia ao glúten. Neste livro, abordaremos com mais ênfase a doença celíaca propriamente dita.

# 8

# AS DOENÇAS RELACIONADAS AO GLÚTEN

Basicamente existem três patologias relacionadas ao glúten: a alergia, a doença celíaca e a sensibilidade ao glúten não celíaca, ou simplesmente sensibilidade ao glúten.

Na alergia ao glúten, ocorre uma resposta imune alérgica, imediata, desencadeada por imunoglobulinas do tipo E (IgE), de curto prazo. É uma alergia alimentar clássica, que afeta a pele, o trato gastrointestinal ou o trato respiratório. Os sintomas são clássicos de uma crise alérgica: urticária, coceira na pele, tosse, asma, náuseas e vômitos.

A doença celíaca será abordada mais detalhadamente adiante. Consiste em uma doença autoimune, em que ocorre uma resposta exagerada do sistema imune, causando inflamação crônica no intestino, mediada a partir de anticorpos específicos. Os marcadores de predisposição genética HLA do tipo DQ2 e DQ8 quase sempre estão presentes.

Já a sensibilidade ao glúten (SG) é aquela que não é alergia, nem doença autoimune. Os anticorpos na grande maioria não estão presentes, mas o processo inflamatório é nítido e ocorre predominantemente em locais extraintestinais. Aqui, as vilosidades intestinais são poupadas. Sintomas intestinais podem ou não estar presentes, além de dor de cabeça, dormência nas pernas, câimbras, depressão, fadiga, dores musculoesqueléticas, dores articulares, obesidade, depressão, demência, esquizofrenia e autismo. No entanto, atualmente não existem biomarcadores de laboratório específicos para SG. Normalmente o diagnóstico é baseado em critérios de exclusão. Observa-se uma nítida melhora dessas pessoas quando adotam uma dieta sem glúten.

## 8.1 DOENÇA CELÍACA (DC)

A Doença Celíaca foi descrita pela primeira vez pelo Dr. Samuel Gee em 1888 e reiterada pelo Dr. R. A. Gibbons, entretanto sua visão centenária de que se trata apenas de um problema de má absorção sobrevive até hoje.

Com o desenvolvimento do primeiro instrumento cirúrgico para fazer biópsia de intestino entre 1950 e 1960, é que a doença celíaca foi redefinida. Mesmo assim dependia de biópsias intestinais em duas ocasiões distintas. Se houvesse uma melhora do padrão do revestimento intestinal após o início da dieta sem glúten na segunda ocasião, o diagnóstico era considerado confiável.

Ainda hoje, é uma doença de difícil diagnóstico, leva-se em média 10 anos de desordens para chegar até ele. É clássica a história de anos de sofrimento, consultas médicas a várias especialidades e nenhuma solução para o problema. Estima-se que é prevalente em 1% da população em geral. Segundo a FENACELBRA, só no Brasil são quase 2 milhões de pessoas celíacas, mas muitas ainda não sabem da sua existência. Em estudos realizados entre doadores de sangue na cidade São Paulo e de Ribeirão Preto, sua prevalência foi respectivamente de 1/214 e de 1/273, o que sugere que não é uma doença rara em nosso meio, mas subdiagnosticada.

É considerada uma doença autoimune desencadeada pela ingestão de glúten, que ocorre em pessoas com uma predisposição genética. É mais comum nas mulheres e na raça branca e geralmente aparece na infância, nos primeiros anos de vida, mas pode surgir em qualquer idade. A chance de familiares de primeiro grau de um celíaco também apresentarem a doença é de cerca de 10%.

Normalmente durante o processo de digestão, as proteínas de glúten são quebradas em proteínas cada vez menores até serem absorvidas no intestino delgado. Idealmente aquelas que não são absorvidas deveriam ser eliminadas no resíduo fecal. Porém, no celíaco, essas proteínas teimosas são extremamente resistentes à digestão e permanecem intactas no intestino. Em seguida, atravessam por entre as células intestinais mediante uma permeabilidade anormal, diretamente para a corrente sanguínea. Por conseguinte, o sistema imune as reconhece como invasoras e passa a produzir anticorpos e substâncias inflamatórias que terminam por destruir as vilosidades intestinais. Como resultado desse processo, temos uma mucosa intestinal atrofiada, infiltrada de linfócitos e uma redução da superfície de absorção.

Os sintomas da doença celíaca podem ser muito variados, desde inchaço e dor abdominal, fezes amolecidas, vômitos, alteração do peso, desordens do humor, anemia, osteoporose, dor nas articulações, erupção cutânea, sintomas neurológicos, mudanças comportamentais, aborto, infertilidade e até câncer de intestino. Os pacientes celíacos deixam de absorver os nutrientes essenciais para o bom funcionamento do corpo, e com isso é comum o achado de deficiência de cálcio, magnésio, ferro, zinco, vitaminas C, D, A, E, K e do complexo B – elementos indispensáveis para manter o metabolismo e deixar o corpo mais resistente e com boa saúde. Em crianças, é comum o quadro de barriga distendida, pouco apetite, perda de massa muscular, anemia, raquitismo, perda de peso, baixa estatura, puberdade tardia, irritabilidade, transtorno de *deficit* de atenção (TDAH), dificuldade de aprendizagem.

Quando se manifesta na pele, sendo aqui chamada de dermatite herpetiforme, caracteriza-se pela presença de pequenas vesículas com intensa ardência e coceira que podem aparecer em qualquer local da pele, mas frequentemente nas regiões extensoras dos cotovelos, joelhos, coxas, nádegas e tronco.

Portadores de DC apresentam associações de doenças ou complicações relatadas em 65,5% dos membros da associação dos celíacos do Brasil de Santa Catarina. Dentre elas destacam-se a intolerância à lactose, o hipotireoidismo, a osteoporose e a síndrome do intestino irritável. Também morrem prematuramente, duas vezes mais, por complicações comuns como câncer intestinal, fraturas de quadril osteoporótico e diabetes insulinodependente.

O diagnóstico é baseado na clínica, subsidiado pelos exames laboratoriais, na pesquisa de anticorpos antigliadina, antiendomísio e antitransglutaminase tecidual. Mas o exame de certeza é a biópsia do intestino, da parte duodenal, no qual se confirmam as lesões da mucosa. O padrão ouro é uma mucosa com vilosidades carecas, atrofiadas, muito destruídas pelo processo inflamatório crônico, e o aumento do número de linfócitos. De acordo com o Ministério da Saúde, toda pessoa tem direito de fazer o exame para saber se é celíaca em hospitais públicos, garantido pelo Protocolo do SUS. Esses exames devem ser solicitados apenas por especialistas formados na área de Medicina nos quadros suspeitos.

Muitos profissionais médicos persistiram ao longo dos anos na visão engessada, e relutam em fazer o diagnóstico e o tratamento. Enquanto é uma doença subdiagnosticada, maior é o sofrimento e maiores as consequências na vida de um celíaco, com tratamentos mais dispendiosos e a longo prazo. Contribuem ainda para esse fator as diversas formas clínicas de manifestação da doença, a falta de um teste laboratorial 100% específico e padronizado e o fator humano no momento da biópsia da área acometida.

A doença celíaca pode ser classificada em: sintomática, assintomática e potencial. A forma sintomática cursa com as queixas clássicas de diarreia, excesso de produção de gazes, dor no abdome, vômitos, desnutrição, anemia, letargia. O paciente traz sempre um histórico de uma via-crúcis de consultas.

A forma assintomática é aquela na qual o diagnóstico se confirma pela presença de anticorpos e de lesões intestinais, mas o paciente não apresenta sintomas abdominais na ocasião do diagnóstico.

Já a doença celíaca potencial é a forma em que se confirmam os autoanticorpos, mas nenhuma lesão intestinal.

Portadores de doença celíaca cursam com um grau variável de sensibilidade ao glúten. Sabe-se que a ingestão de menos de 1 g diariamente é suficiente para perpetuar a lesão intestinal do celíaco. O único tratamento que existe é a alimentação isenta de glúten permanente. A não adesão à dieta parece aumentar o risco de morte, o que pode ser um preço muito alto a ser pago por uma recaída voluntária, mesmo que de vez em quando. O esclarecimento da doença e suas consequências pela equipe de saúde é muito importante no momento do diagnóstico.

Um estudo realizado com as pessoas cadastradas na Associação de Celíacos do Brasil (ACELBRA) demonstrou-se que quanto maior o grau de conhecimento, maior a obediência à dieta, garantindo dessa forma o sucesso do tratamento.

Além desses conceitos, é de extrema importância garantirmos nossos direitos, para isso precisamos saber o que diz a lei.

# 9

# O QUE DIZ A LEI

No Brasil, a Lei federal n.º 10674 de 2003 determina que todas as empresas que produzem alimentos precisam informar obrigatoriamente em seus rótulos se o produto "CONTÉM GLÚTEN" ou "NÃO CONTÉM GLÚTEN". O país segue o *Codex Alimentarius* desde 2008, quando passou a determinar que todos os produtos alimentícios com menos de 20 ppm (partes por milhão) de glúten podem ser considerados aptos para a maioria dos celíacos e receber a inscrição "Não contém glúten", o que equivale a 20 miligramas de glúten em 1 quilo de produto sem glúten.

No entanto, não existe uma metodologia padrão de detecção e de limites de contaminação do glúten, o que vai contra um direito assegurado pelo Código de Defesa do Consumidor. Este, em seu artigo 6°, determina que a informação sobre produtos e serviços deve ser clara e adequada, com especificação correta de quantidade, características, composição, qualidade e preço, bem como sobre os riscos que apresentam. Podemos concluir, então, que pela lei tais dizeres apenas informam e não advertem a população suscetível dos riscos que estão sujeitos ao se expor ao alimento. Logo, não é uma medida preventiva suficiente, eficaz no controle da doença. Isso permite que certos produtos que contêm traços de glúten sejam taxados erroneamente como isentos.

Muitos tipos de alimentos realmente não contêm glúten em sua composição, mas através da contaminação cruzada em algum momento entre o plantio e a comercialização, acabam contendo traços de glúten. A partir de julho de 2016 a Agência Nacional de Vigilância Sanitária (Anvisa), pela resolução RDC 26/2015, instituiu que, havendo a possibilidade de contaminação por glúten, o rótulo deve, por via das dúvidas, incluir a frase "Contém glúten", eliminando teoricamente os riscos da manutenção da ingestão de glúten por alimentos contaminados. Por isso pode ser encontrado o mesmo produto com rótulos diferentes nas prateleiras, dependendo do local onde foram produzidos ou embalados. O consumidor precisa estar muito atento e, sempre que tiver dúvidas, entrar em contato com o SAC das empresas.

Infelizmente, ainda existem indústrias que não rotulam corretamente seus produtos, talvez por desinformação, talvez por falta de uma política mais rígida de fiscalização. Isso deixa os celíacos no Brasil em uma situação de vulnerabilidade.

Após a exclusão total do glúten na dieta, o intestino do celíaco pode levar de seis meses a dois anos para se recuperar e voltar ao normal. Pesquisas indicam que cerca de 30% dos celíacos mantêm alguns sintomas pela ingestão acidental de traços de glúten ou contaminação cruzada. Então, muitas vezes podemos estar transgredindo involuntariamente a dieta e ingerindo glúten por uma informação não fidedigna. E esse é um dos motivos que contribuem para a persistência dos sintomas e, consequentemente, pela manutenção do adoecimento. Com certeza, na história a prevenção da doença tem sido um fator primordial de redução de custos e na prevenção de sequelas, mas a doença celíaca tem sido esquecida mais uma vez, pelas entidades de saúde e órgãos governamentais; bem como uma política de fiscalização eficiente, uma vigilância sanitária mais atuante e um maior incentivo à produção nacional de alimentos livres de glúten.

Uma maneira de driblar essa insegurança em relação aos alimentos e sua rotulagem é nos tornarmos expert em matéria de glúten, não obstante é essencial a cada dia conhecer e aprender.

# 10

# CONHECER E APRENDER

Depois de tudo aprendido até aqui, transgredir a dieta voluntariamente seria inaceitável. Uma vez sensível ao glúten, sempre sensível a ele, graças a nossas células de defesa, que tem uma memória e guardam todos os vilões que já nos ameaçaram um dia. Uma mínima quantidade de glúten ingerida é capaz de recrutar todos os soldados, os anticorpos, para o combate e desencadear toda batalha inflamatória novamente.

Segundo a ACELBRA, contribuem para falha na adoção de uma dieta adequada:

- a falta de informação correta nas embalagens dos alimentos;
- a falta de orientação sobre a doença e suas complicações;
- as dificuldades financeiras;
- a falta de habilidade culinária para preparar alimentos substitutivos;
- a forte pressão da propaganda dos produtos industrializados que contêm glúten;
- as dificuldades de modificar os hábitos alimentares.

Em relação à informação contida nos alimentos, como já dito, além de sempre ler os rótulos, se algum ingrediente deixou dúvida, informe-se. Veja minhas recomendações a seguir. Jamais subestimem o risco de contaminação cruzada, principalmente em indústrias que processam diferentes tipos de grãos e alimentos. Cuidado com os dizeres "não contém trigo". Não é a mesma coisa que "não contém glúten", e pode dar uma falsa ideia de que é seguro. Mas, lembrem-se, o trigo não é a única fonte de glúten, significa que esse alimento pode conter outras fontes de glúten como centeio, cevada ou aveia, e, portanto, não deve ser consumido.

Um dos motivos que me levaram a escrever este livro foi a necessidade de orientação sobre as doenças relacionadas ao glúten e suas possíveis complicações para que fossem afastadas o mais precoce possível. Há inúmeras publicações, relatos, dicas disponíveis atualmente, e meu intuito é apenas incentivar um primeiro passo em busca de conhecimento e menos sofrimento. Todos precisam ser conscientes, conhecer o mínimo, se cuidar o máximo, ultrapassadas as dificuldades iniciais.

Quanto à dificuldade financeira, indiscutivelmente os produtos sem glúten são mais caros e as ofertas são mais raras. Na Inglaterra, o governo concede incentivos fiscais para quem precisa dessa alimentação, muito diferente da nossa realidade aqui no Brasil. A percepção do público leigo sobre a dieta *gluten free* é equivocada e não fundamentada, o que contribui para menor acessibilidade dos produtos nos mercados. Podemos compensar com pesquisas em lojas físicas e on-line e com a diversidade de marcas e tipos de farinhas para não sermos tão prejudicados.

Preparar em casa alimentos saborosos, ricos em nutrientes é um dom, uma arte que podemos copiar de muitas receitas já elaboradas, felizmente. Existem inúmeras receitas com passo a passo, feitas com todo carinho dos mais variados pratos. Aos poucos é necessário mudar, buscar uma nova filosofia alimentar, abandonar velhos hábitos. Cozinhar em casa sempre será uma questão de segurança por excelência.

Conviver com as restrições impostas pelo novo hábito alimentar não é fácil. Os anúncios de propaganda, os inúmeros produtos processados prontos e acessíveis nas prateleiras, os aromas artificias e as cores vibrantes das vitrines das docerias estão sempre nos pondo à prova. Mas a saúde deve vir sempre em primeiro lugar.

Se prestarmos atenção nos alimentos que enchem nossos carrinhos no supermercado, veremos que a maioria são produtos ricos em açúcar, conservantes, gorduras saturadas, sódio e pouco nutriente. Praticamente um prato cheio que contribui para o aumento das estatísticas de adoecimento da população nas últimas décadas.

É necessário concentrarmos nos sabores e texturas naturais dos alimentos saudáveis, valorizar mais o momento à mesa, e perceber o quanto nos beneficiamos com uma alimentação adequada. O esforço deve ser contínuo. Vale a pena!

Nunca tive recaídas voluntárias, mas regressão dos sintomas muitas vezes, por provável contaminação involuntária ou consumo de alimento com informações não fidedignas.

Para não cairmos em algumas armadilhas, é preciso saber que em alguns produtos alimentícios industrializados o glúten pode estar presente nas mais diversas nomenclaturas. Nesses casos, precisamos conhecer algumas informações quanto aos ingredientes contidos neles. Algumas vezes assume o nome através de siglas, outras, nomes diversos, vejamos alguns exemplos:

- proteína vegetal texturizada (PVT);
- proteína de planta texturizada (PPT);
- proteína de planta hidrolisada (PPH);
- proteína vegetal hidrolisada (PVH);
- corante caramelo;
- amido modificado;

- malte, xarope de malte, extrato de malte;
- aromatizante natural;
- maltodextrina.

Há grande chance de essas substâncias terem sido refinadas a partir do glúten. Essas denominações genéricas são muito convenientes para os fabricantes de alimentos, pois permitem que eles troquem a fonte dos ingredientes por razões econômicas. Desconfiem sempre que virem essas denominações e prefiram alimentos mais seguros.

Proteína vegetal texturizada ou hidrolisada, proteína de planta texturizada e aromatizante natural são nomenclaturas inespecífica, não se identifica a fonte da proteína ou do aroma, logo, não pode ser consumida, pois pode conter vegetais como o trigo, a cevada, o centeio ou a aveia em sua composição. O mesmo se aplica para o caso do amido modificado, quando não especifica o tipo de amido pode ser de trigo. Cabe aí uma consulta ao fabricante para saber detalhes.

Malte, extrato de malte e xarope de malte são subprodutos da cevada e por isso não devem ser consumidos.

Corante caramelo é um produto muito utilizado em bebidas, molhos e chocolates. Na sua produção é utilizada uma fonte de frutose, geralmente a de milho, mas pode ser utilizada também de cana-de-açúcar, beterraba ou de trigo.

Maltodextrina também é um carboidrato, que pode ser feito a partir de uma variedade de amidos, inclusive do trigo.

Existem também remédios que apresentam em sua composição farinha de trigo, amido de trigo ou outro composto de glúten na composição de sua cápsula. Embora a resolução da Anvisa obrigue as farmacêuticas a incluírem essa informação na bula, muitas não o fazem. É lamentável essa visão unilateral.

Prender-se aos detalhes faz toda diferença. Essas pequenas informações nunca serão ditas em um consultório a primeiro momento. Esses exemplos são os mais comuns, mas toda fonte de amido, açúcar, aditivo encontrado nos alimentos industrializados está sujeita a ter a participação do trigo.

Existe um aparelho detector de glúten no mercado internacional chamado de NIMA. É um sensor portátil que, através de uma reação química, é capaz de detectar a presença do glúten em uma pequena porção do alimento em menos de 5 minutos. Tem como vantagem a alta precisão e como desvantagem o alto custo do aparelho.

Dominar esses pequenos conceitos, ter o mínimo de conhecimento é obrigatório aos pacientes celíacos e familiares no caso de crianças. Deveriam ser fornecidos pelos profissionais que nos acompanham no momento do diagnóstico, mas nem sempre é o que acontece. A escolha de um/uma nutricionista com experiência na área também é fundamental. Mas o mais importante é manter-se impulsionado a atingir seu objetivo.

# 11

# RECOMENDAÇÕES

Desenvolva o hábito de ler as embalagens dos produtos consumidos. Alimentos processados e industrializados são sempre suspeitos. Opte por produtos com especificações objetivas. Na dúvida, entre em contato com o serviço de atendimento ao consumidor, SAC, por telefone ou e-mail disponíveis na embalagem, e questione quanto à existência do glúten na composição do alimento e quanto ao risco de contaminação cruzada no processo de industrialização. Normalmente são respondidos.

Adote uma dieta pobre em carboidratos em geral, isenta de glúten para sempre. Nossos ancestrais caçadores coletores não se alimentavam de grão algum até cerca de 10 mil anos, quando ocorreu a descoberta da agricultura. Isso é bem pouco tempo se considerado que a humanidade habita nosso planeta há mais de 2 milhões de anos. No processo de digestão, o produto dos carboidratos é o açúcar e este, assim como o glúten, é um dos alimentos mais inflamatórios do corpo, levando à obesidade, a diabetes, a dislipidemias, alimentando as células cancerígenas. Portanto, use carboidratos com moderação e enriqueça seu prato com variados tipos de proteínas, vegetais diversos, gorduras saudáveis e fontes naturais de vitaminas. Sua saúde agradece.

Verifique sempre se os remédios que você faz uso contêm glúten, pois a mínima porcentagem pode contribuir para a persistência das lesões intestinais, desconfortos e não melhora dos sintomas. Algumas indústrias farmacêuticas têm contrato com fornecedores de alimentos para a aquisição de liga de amido, que pode ser de milho ou de trigo, o que for financeiramente mais vantajoso para elas. Leiam as bulas dos remédios, se na composição há ou não amido de trigo e, nesse caso, busque alternativas, outras marcas.

Crie um ambiente domiciliar sem glúten, os cuidados devem prevalecer em toda casa. Não compartilhe torradeira, sanduicheira, frigideira, panelas e grelhas em que foram preparados previamente alimentos que contêm glúten. Também não reutilize óleos nos quais foram fritos produtos contaminados, empanados etc. Até a manteiga, o requeijão, a geleia são alimentos potencialmente contaminados de glúten. É preciso separar uma porção antes de iniciar o uso comum, para que esta seja de uso exclusivo do celíaco. Caso seja necessário faça a tríplice lavagem de louças, talheres etc.

Dê preferência a ervas e temperos naturais no preparo de seus alimentos, como alho, cebola, alecrim, gengibre, orégano, tomilho, cebola, açafrão. Além de darem um sabor especial ao prato, também têm um papel antioxidante e anti-inflamatório.

Quando for se alimentar fora de casa, em estabelecimentos como restaurantes e lanchonetes, seja sincero com o garçom, abra logo o jogo com o *maitre* ou com o *chef*. Uma ideia interessante é ter sempre em mãos um cartão de visita com os seguintes dizeres:

> Preciso de sua ajuda. Sigo uma alimentação sem glúten por ordens médicas. Caso contrário, fico muito doente. Preciso evitar tudo que contenha trigo, centeio, cevada, malte, aveia e glúten. Agradeço sua atenção e cooperação. Muito obrigado.

Os estabelecimentos sentem-se felizes em poder ajudar. A função deles é agradar ao cliente e, sabendo que você sairá de lá satisfeito, ganharão um cliente.

Não compre alimentos a granel, embora sejam mais baratos, podem ser contaminados ao serem armazenados em recipientes comuns a outros alimentos que contêm glúten. Não são confiáveis e podem ser os responsáveis pela não melhora dos sintomas.

Não se iluda, cereais integrais são cereais que não sofreram o processo de refinação e, portanto, o grão está mais completo com todas as suas partes (gérmen, endosperma e o farelo). Para pessoas suscetíveis, trigo integral é a mesma coisa que trigo, faz tanto mal quanto o outro, pois as proteínas maléficas do trigo estão no interior do grão.

Busque uma equipe profissional especializada, experiente no acompanhamento de celíacos, médico e nutricionista que realmente entendam. É recomendado consultar o médico e realizar os exames de seguimento pelo menos uma vez ao ano para acompanhar a evolução da doença, descartar o aparecimento de outras doenças autoimunes e metabólicas e diagnosticar precocemente eventuais complicações como adenocarcinoma do intestino delgado e linfoma intestinal. Participe de grupos de apoio, comuns nas redes sociais, nos quais há muita troca de informações importantes, receitas, experiências, por exemplo, o grupo público Viva sem glúten.

Apoie-se na família, abra o jogo com os amigos, mantenha uma vida social dentro das possibilidades. Afinal, vivemos em uma sociedade e nos adaptar faz parte dessa linda jornada que é a vida. *Esse tal de glúten* pode fazer com que você e sua família transformem seus hábitos alimentares, tenham qualidade de vida e tornem-se mais saudáveis.

Providencie uma solicitação de alimentação especial em caso de internação hospitalar. Como a maioria dos hospitais não estão preparados para fornecerem uma dieta especial nesse caso, tenha em mãos um documento direcionado à Direção Técnica do Hospital informando sobre sua restrição alimentar, suas necessidades e ser autorizada a entrada de refeição preparada e segura vinda de sua casa.

Essas são apenas algumas recomendações, não é receita médica, nem regra a ser cumprida. Cada caso é individual, sempre as medidas profissionais médicas devem ser levadas em consideração.

Atualmente, a doença celíaca é considerada a intolerância alimentar mais frequente no mundo. É preciso mudar o olhar definitivamente de diferentes classes e entidades. Precisamos começar individualmente com pequenas mudanças a fazer apelos frente às indústrias alimentícias, ao marketing com suas propagandas enganosas, aos profissionais da área de saúde para que valorizem as queixas, aperfeiçoem-se tecnicamente e estejam mais abertos a essa nova realidade. Precisamos trabalhar para que nossa condição seja reconhecida e nossos direitos sejam mais respeitados. Deveríamos divulgar mais as informações através das associações, sugerir campanhas e programas de rastreamento feitas pelo Ministério da Saúde, manter um canal atualizado que permita mais participação da sociedade celíaca. Também poderíamos questionar as embalagens dos alimentos e denunciar fabricantes que rotulam erroneamente à Anvisa e exigir que fossem aplicadas multas ou outras medidas para que seja cumprida a determinação da lei.

Por último, mas não menos importante, mais pesquisas deveriam ser realizadas. No Brasil, os estudos são muito recentes e ainda não sabemos a incidência real na nossa população total, seu perfil, os índices de melhora com a retirada do glúten, as chances de malignidade e outros prejuízos quando mal conduzido o tratamento. É unânime para os especialistas que as doenças relacionadas ao glúten são apenas a ponta do iceberg. Em um futuro próximo, a comunidade científica desenvolverá pílulas e vacinas que possam ajudar na sensibilidade ao glúten. Até lá, precisamos nos conscientizar para esse imenso problema e usarmos as armas que temos.

# REFERÊNCIAS

ACELBRA. **Associação Brasileira de Celíacos**, 2020. Disponível em: www.acelbra.org.br. Acesso em: 12 fev. 2020.

ADEUS A DOENÇA CELÍACA. **Fuja da sensibilidade ao glúten** (e-book), [20--].

BENATI, Raquel. Contaminação Cruzada por Glúten em produtos sem glúten: O que são traços de glúten? **Rio sem glúten**, 2016. Disponível em: www.riosemgluten.com.br. Acesso em: 17 ago. 2020.

BRALY, James; HOGGAN, Ron. **O perigo do Glúten**: Descubra como ele afeta a sua saúde e previna-se contra seus efeitos. São Paulo: Alaúde, 2014.

BRASIL. **Lei n.º 8.078, de 11 de setembro de 1990b**. Código de Defesa do Consumidor. Dispõe sobre a proteção do consumidor e dá outras providências. Disponível em: http://www.planalto.gov.br/civil/LEIS/L8078.htm. Acesso em: 17 jun. 2020.

BRASIL. **Lei n.º 10.674, de 16 de maio de 2003**. Obriga a que os produtos alimentícios comercializados informem sobre a presença de glúten, como medida preventiva e de controle da doença celíaca. Disponível em: http://e-legis.bvs/. Acesso em: 17 jun. 2020.

CASSOL, Clarissa Araujo *et al.* Clinical profile of Santa Catarina members of Brazilian Celiac Association. **Arq. Gastroenterol.**, São Paulo, v. 44, n. 3, jul.-set. 2007.

COLLEN, Alanna. **10% Humano:** Como os micro-organismos são a chave para a saúde do corpo e da mente. Rio de Janeiro: Sextante, 2016.

CURIOSIDADE: a origem do trigo. Informativos. **Moinho nacional.** Alimentando a vida. Disponível em: www.moinhonacional.com.br. Acesso em: 13 ago. 2020.

DAVIS, William. **Barriga de Trigo:** Livre-se do trigo, livre-se dos quilos a mais e descubra seu caminho de volta para a saúde. São Paulo: WMF Martins Fontes, 2013.

FASANO, Alessio; FLAHERTY, Susie. **Dieta sem glúten.** Um guia essencial para uma vida saudável. São Paulo: Madras, 2015.

FENACELBRA. **Federação Nacional de Celíacos**, 2020. Disponível em: www.fenacelbra.org.br. Acesso em: 20 abr. 2020.

HINRICHSEN, Sylvia Lemos. Doença autoimune. **Algo mais**, 05 set. 2019. Disponível em: http://revista.algomais.com/bem-estar/doenca-autoimune. Acesso em: 11 ago. 2020.

KELLMAN, Raphael. **A Dieta do Microbioma, uma maneira definitiva e cientificamente comprovada de emagrecer, restabelecendo a saúde intestinal.** São Paulo: Cultrix, 2017.

KOTZE, Lorete Maria da Silva *et al.* Comparação dos anticorpos anti-reticulina e antiendomísio classe IgA para diagnóstico e controle da dieta na doença celíaca. **Arq. Gastroenterol.**, São Paulo, v. 36, n. 4, out./dez. 1999.

MELO, Suzeidi Bernardo Castanheira *et al.* Prevalence and demographic characteristics of celiac disease among blood donors in Ribeirao Preto, Sao Paulo State, Brazil. **Dig Dis Sci.**, v. 51, p. 1020–5, 2006.

O'BRYAN, Tom. **Como tratar doenças autoimunes:** Entenda as causas, seus sintomas e tome as decisões adequadas. São Paulo: Buzz, 2018.

OLIVEIRA, Ricardo P. *et al.* High prevalence of celiac disease in Brazilian blood donor volunteers based on screening by IgA antitissue transglutaminase antibody. **Eur. J. Gastroenteroly Hepatololy**, v. 19, p. 43-9, 2007.

ORENSTEIN, José. Transgênicos: uma tecnologia em constante disputa. **Nexo**, 05 ago. 2017. Disponível em: www.nexojornal.com.br. Acesso em: 1 nov. 2019.

PERMUTTER, David. **Amigos da mente:** Nutrientes e bactérias que vão curar e proteger seu cérebro. São Paulo: Paralela, 2015.

PERMUTTER, David. **A Dieta da Mente:** A surpreendente verdade sobre o glúten e os carboidratos: os assassinos silenciosos do seu cérebro. São Paulo: Paralela, 2014.

PERMUTTER, David. **A Dieta da Mente para a Vida:** Turbine o desempenho do cérebro, perca peso e obtenha saúde ideal. São Paulo: Paralela, 2017.

ROCHA, Claudia. Eliminando a contaminação cruzada na sua cozinha. Tripla lavagem. **Rio sem glúten**, [2020?]. Disponível em: http://www.riosemgluten.com/tripla_lavagem_gluten.pdf. Acesso em: 12 ago. 2020.

SANTOS, Vanessa Sardinha dos. Pirâmide alimentar. **Brasil Escola**, [2020?]. Disponível em: https://brasilescola.uol.com.br/saude/piramide-alimentar.htm. Acesso em: 5 ago. 2020.

SAPONE, Anna et al. Espectro das desordens relacionadas ao glúten: um consenso sobre nova nomenclatura e classificação. **Rio sem glúten**, 07 fev. 2012. Disponível em: http://www.riosemgluten.com/Espectro_de_transtornos_relacionados_ao_gluten.pdf. Acesso em: 14 ago. 2020.

SDEPANIAN, Vera Lucia; MORAIS Mauro Batista; FAGUNDES-NETO Ulysses. Doença celíaca: avaliação da obediência à dieta isenta de glúten e do conhecimento da doença pelos pacientes cadastrados na Associação dos Celíacos do Brasil (ACELBRA). **Arq. Gastroenterol.**, São Paulo, v. 38, n. 4, out./dez. 2001. Disponível em: https://www.scielo.br/scielo.php?script=sci_arttext&pid=S0004-28032001000400005. Acesso em: 15 ago. 2020.

SILVA, Alessandra Mares Santos *et al*. **Legislação brasileira sobre glúten e o entendimento do Superior Tribunal de Justiça.** [2017?]. Disponível em: https://silo.tips/download/legislaao-brasileira-sobre-gluten-e-o-entendimento-do-superior-tribunal-de-justi. Acesso em: 30 jan. 2021.

SILVA, Cassiane Lins. **Doença celíaca:** revisão bibliográfica. 2013. 51 f. Trabalho de Conclusão de Curso (Graduação em Farmácia) – Universidade Federal de Campina Grande, Cuité, 2013.

YOSHIDA, Janaina Guilhem Muniz. **Prevalência da predisposição genética para doença celíaca nos doadores de sangue em São Paulo – Brasil**. 2014. 80 f. Dissertação (Mestrado) – Escola Paulista de Medicina, Universidade Federal de São Paulo (UNIFESP), São Paulo, 2014.